Coffret 1

Cantilène
Le Pyrophone
Spleen d'Amsterdam

Murielle Lucie Clément

Coffret 1

Cantilène
Le Pyrophone
Spleen d'Amsterdam

MLC

Du même auteur

Cantilène (poésie)
Sur un rayon d'amour (poésie)
Les Nuits sibériennes (poésie)
L'Arc-en-ciel (poésie)
Le Nagal (poésie)
Le Pyrophone (poésie)
Spleen d'Amsterdam (poésie)

www.emelci.com

Editions MLC
Le Montet – 36340 Cluis

ISBN : 978-2-37432-014-4
Dépôt légal : Novembre 2015

A mes amis

Chante encore

Je t'attends dans ma nuit
Qui hurle dans le vent !
Éclair bleu de lumière
Qui sourit dans mon sommeil !
Viens donc beau prince
Sur ton cheval blanc
Baise-moi de tes lèvres vermeilles.
Donne-moi de la romance
Tu vois bien que je t'attends,
Rends-moi un peu d'enfance
Pour réchauffer mon cœur dolent.

Prends ta guitare folle,
Joue les airs d'autrefois,
Joue les airs de demain,
Et tous ceux qui sont en toi.
Que ton œil bleu s'allume,
Lac où rage les tempêtes.
Que ta voix gronde et caresse,
Ouragan au mont d'ivresse.

Va, chante, crie, murmure,
Chuchote ou susurre
Des paroles pleines de tendresse.

10

Je veux entendre encore une fois
Au moins. Ta chère voix dans ma détresse.

Tu penses encore

Tu penses encore
Que près d'un corps
Que tu aimeras,
Ce sera l'amour
Au petit matin
Que tu trouveras.
Mais je te dis,
Car vraiment tu
Es mon ami.
Ce n'est pas l'amour
Qui te visitera
Après cette nuit.

Tu peux venir
Tout près de moi
Et chuchoter,
Me confier
Au creux de l'oreille
Tous tes péchés.
Tu peux penser
Que c'est ça l'amour,
Tu peux m'aimer.
Mais je te dis,
Car vraiment tu

Es mon ami.

On reste ensemble
Toute la nuit
Je te sens trembler,
Car tu comprends
Ce que c'est maintenant
Vraiment que d'aimer.
Tu sais aussi
La vérité
Qu'après l'amour.
Même sous les
Plus tendres baisers
Tu restes à jamais esseulé
Tu peux pleurer.

Quelquefois

Quelquefois je me sens vieux
D'une expérience infinie
Lorsque je regarde dans tes yeux
Je voudrais être ton ami.

Pourquoi ?
Je sais pas
C'est comme ça
C'est la vie.

Dès le soir où je t'ai vue
Tout mon corps a tout de suite cru
Que je pourrai te faire confiance,
Mais je me suis vite aperçu
Qu'il y avait une connivence,
Entre nos deux âmes perdues.

Pourquoi ?
Je sais pas
C'est comme ça
C'est la vie.

Je peux si tu veux te prendre la main,
T'emmener vers mes matins

Si tu crois être assez forte
Pour que l'espoir nous emporte.
Alors c'est d'accord, petit cœur
Du moment que tu n'as pas peur
Viens rentre dans ma vie,
Je peux être ton ami.

Le poète

Un petit cul bien serré
Dans un jean délavé
Ça me remonte le moral
Et je repars en cavale.

Je veux sentir dans mes mains
Des belles fesses, de gros seins.
Je suis poète,
Les pavés,
Les couleurs,
Les sons,
Les lumières
Tout m'inspire
Dans cette ville.
Mais si je roule
Un petit joint
Je refais le plein,
Finis les problèmes
Je suis en pleine bohème
Je repars à l'assaut
De mon cher ego.
Je vous refile des textes
Qui sont dans le contexte.
Je suis poète

Y a plein d'étoiles
Dans ma tête.
Dans la rue
Je suis ému
Et pour ça :

Un petit cul bien serré
Dans un jean délavé
Ça me remonte le moral
Et j'enfourche ma cavale.

Que…

Que les couleurs marines voguent sur l'océan de nos désirs réalisés emportant dans leurs flots l'ardeur de nos valeurs conquises à la force de nos cœurs ouverts en corolles qui s'offrent sans faillir dans les matins blafards !

Que les arcs-en-ciel enflamment les aurores de nos nuits vagabondes striées d'emblèmes d'or, éveillent en nos âmes des idéaux vainqueurs qui des vains ennemis apaisent les fureurs.

Que notre amour perdure dans les entrelacis de la vie taquine qui, mâtine, s'efforce à séparer les amants innocents dans leur quête de chaleur puisqu'il gèle à fendre pierre au pays des humains.

Que le Graal m'apparaisse, calice salvateur,

Que ce soit avec toi, auteur de mon bonheur,

Que ce soit ensemble que nous gravissions la pente !

Que …

Que…

Qu'il n'y soit plus sur terre aucun, mais aucun malheur.

La coccinelle

Vois la coccinelle
Vois comme elle est belle
Avec sa robe rouge
Et les petits points noirs.

Compte quel âge a-t-elle
La petite sentinelle
Rapide elle bouge
S'en va dans le soir.

Chanson connue, archi connue

Y a plein d'hommes autour de moi
Petite pomme
Et moi je suis toujours là
Comme une conne !

Il m'avait dit
On s'reverra
J't'ai à la bonne
J'étais restée toute baba
Comme une conne !

C'est pas pour dire
C'est marrant la vie
C'est pas pour rire
C'est vraiment ce qu'il a dit
C'est vraiment ce qu'il a dit !

Agonie

Toi, tu n'as pas eu le droit
De mourir dans ton lit.
Tu n'as pas pu, pourquoi,
T'apaiser dans ton lit ?

Quand la vie a défilé
Devant tes yeux.
Que tu as su
C'est le jour heureux,
On ne t'a pas laissée.

Agitée, malheureuse,
Toutes sirènes sifflantes,
On t'a transportée,
Ballottée.

Enfin gisante,
Les tuyaux dans le nez,
L'oxygène apaisant
Tu t'es débattue.
Tu as crié.
Je n'ai pas osé pleurer.
Même si je savais
Que le matin

Tu ne reverrais.
J'étais la saltimbanque.
Je leur ai dit :
Soignez-la, c'est ma tante.

C'est le destin.

Eté

Merveilleux été
J'ai l'âme ravie,
Je pars pour Paris,
Revoir mes amis.
Vive le marché
De la Poésie !

Cador et celle

Autrefois
J'avais un chien.
Je me promenais
Beaucoup.
Je voulais rendre
Quelqu'un
Heureux.
Alors, pourquoi pas
Un chien ?

Ensemble nous…
Avons… marché.
Ensemble… nous
Avons… dormi.
La vie agréable…
Confortable…
Intime.
Tellement intime !

Tu me regardais…
Je te regardais…
Nous marchions
A perdre haleine.
C'était bien ainsi.

Mais les chiens…
Tout comme…
Les hommes.
Courent après…
Leur queue.
Une chienne
En chaleur
Passe…
Ils…disparaissent.

Cela se termina…
Comme… le reste !
Incontrôlé !

Tout simplement,
Des souvenirs,
Sont tout
Ce qui m'est resté.

Hélas, trois fois hélas

Il y a ceux qui ne comprennent pas,
Qui n'ont rien compris.
Il y a ceux qui ne comprennent pas,
Ne comprendront jamais la vie.
Je te voulais à moi,
Je me voulais à toi.
Résultat : je suis parti.

Tu avais un autre idéal.
Nom de Dieu, que ça fait mal !
Nous nous sommes
Frottés,
Déchirés,
Arrachés.
Nous nous sommes
Tant aimés.

Lalala

Je t'envoie mon CD
Paru le 14 juillet.
Vive la musique !
Vive le chant !
Vive la voix !

À bas félonne sordide !
Perfide Albion !
A bas la trahison,
Mon chant se dévide.

Avec l'air des lampions
Glorieux retentit
Vainqueur, il se hisse
Aux sommets créateurs.
Ma voix, la ridelle,
Éloigne les malfaiteurs.

I had you Baby

I had you Baby
One night or two, who cares!
I had you Baby,
I know, I got my share.
You said I love you
Why don't you come darling?
I said I leave you
I came visiting.
I had you Baby,
I know, I got my share.

What to do, what to do ?

What to do, what to do ?
They eat my plants,
Scare me to death.
A friend of mine said to me :

– But Baby, borough a cat of mine.
– You crazy, I replied, I have mice
Is this not enough? What you want me to do
with a cat besides ?
He said:
– Cat catch mice!
– Oh yeah? What if mice catch cat ?"

To that he said none
So, I figure it
Is now like that
I'm the lucky one
Who may share a flat
With two mice.
Instead of me,
Myself and I,
It is now
Two mice, me,
Myself and I.

I guess, we just will
Have to get used
To each other.
It's a five room-flat
Plenty of space
For
All of us.

Not knowing whom I meant
The mice or the showmen
So yeah, now there are more
Mice, I mean, than men.

J'ai fait un rêve

J'ai fait un rêve
J'avais des ailes immenses,
toutes blanches.
Je volais dans les airs.
Au-dessus des bois,
au-delà des rivières,
là-bas vers le désert.
Le soleil brillait,
mon cœur battait fort.
Serré dans mon bec,
je tenais une petite branche.
Je cherchais un endroit
où bâtir mon nid.
Je traversais un arc-en-ciel.
Je traversais des orages.
J'arrivais dans ton pays détruit.
Toi, blotti au creux des ruines,
tu me fis signe.
Dans ton regard,
je vis l'espoir.
Alors dans l'arbre qui n'avait plus de feuille,
j'ai atterri.
C'est là, que je veux faire mon nid.
Tu sais, Printemps reviendra.

Il revient toujours.
Mais tu as raison.
Quelquefois, Hiver est très long.
Trop long.

Si ce rêve était vrai.
Si j'étais La Paix.
Avec toi je resterais.

I had a dream

I had a dream.
I had huge wings
All white.
I was flying through the air.
High above forests
Further than the river.
Far away to the desert.
The sun was bright and clear.
My heart was bouncing.
I hold a little twig in my beak.
I was in search of a place to build my nest.
I went through a rainbow.
I went through thunder.
I reached your poor destroyed country.
Half hidden amidst the ruins,
You waved at me.
I saw hope in your eyes.
Therefore I landed on this leafless tree.
Here, I want to make my nest.
You see Spring always comes back.
But you are right.
Sometimes Winter lasts very long.
Too long.

If this dream came true
Let say, I was Peace.
I had stayed with you.

Ik heb gedroomd

Ik heb gedroomd.
Ik droeg grote witte vleugels.
Ik vloog door de lucht heen.
Boven bosse.
Verder dan rivieren.
Naar de woestijn toe.
De zon scheen helder.
Mijn hart bonsde.
In mijn snavel,
Hield ik een takje geklemd.
Ik zocht een plekje om mijn nest te bouwen.
Ik ging door een regenboog heen.
Ik ging door onweer.
Ik kwam in je verwoest land.
Vanuit een gebrokkelde muur,
wuifde jij naar mij toe.
Ik las hoop in je blik.
Daarom streekte ik om deze boom neer.
Hij heft geen bladeren meer.
Hier zou ik mijn nest bouwen.
Weet je, Lente zal terug komen.
Het komt altijd terug.
Maar jij hebt gelijk.

Soms duurdt Winter heel lang.
Te lang.

Als mijne droom waarheid was,
Zeg ik was Vrede,
Dan bij jou zou ik blijven.

Le Pyrophone

Joyaux d'embruns

I

Argent filé, mercure bruissant s'égrènent larmes à perles dans les ramées bercées des vents. Filigranes d'arabesques, égrisée matinale miroitent en cheveux de fée dans les fils des aubes naissantes auréolées de pastels et d'ors changeants. Irisées d'arcs-en-ciel, moirées de nacres damassées, elles batifolent sous les soleils immobiles des azurs murmurants.

II

Happelourdes des matins sanglants, elles distillent en égoutture les drames nocturnes, s'épanchent sous les voiles des mémoires retrouvées. Tremblotant légèrement, elles parangonnent de leurs pleurs les lisières des grottes cachées, instillent leur fréquence en vagues échaudées, sourdent sous les mousses, suintent des rochers, s'extravasent en cascades, sanglotent en giboulée.

III

Transparentes, irascibles, elles fouettent les psychés blotties aux creux des combes, cinglent les vitraux des cathédrales lunaires, outragent les chanfreins des sphinx dans les valleuses. Averses plantureuses, ondées délirantes, bruines ou crachins, elles se ruent en avalanche tumultueuse, s'épandent en nappe fumeuse au-devant des destins.

IV

Menuaille de frimas, gorgias immaculés, elles parent les futaies, fardent les pédicelles de leurs embrasses mortelles. Insolentes, lestes dans toute chanée des adieux incertains, elles jaspent les verglas d'une patine indécente. Nacelles de cristal, une à une elles s'enkystent en diamants foudroyants, illuminent de leurs feux les ombres des neiges poudreuses.

Papillons d'hiver

I

Chrysalides éventrées, les légers coléoptères aux ailes opalines virevoltent ahuris dans l'air cristallin, s'élèvent en bourrasques sur les haleines frivoles des géants dont la poigne nous broient dans ses avides serres, empoussièrent de frimas les lointains lactescents. Ils s'envolent balayés par les bras de l'hiver, s'amoncellent en tas soyeux de craies satinées, mais durcis, inlassables, ils martèlent les tuiles, de leur rythme insensé, retentissent au néant.

II

Ils blanchissent les nuits alors que nyctalopes mollement paresseux, ils glissent vers le chemin qui sans férir les accueille, vaincu par l'insistance du tapage de leur silence, multitude le parant pour l'hymen en dentelles ajourées épaissies en toison à la trame des heures.

III

En tempête, ils s'affolent, obscurcissent le ciel qui n'est plus que d'argent platiné secoué des gresseries en columelles mâchurées de pointillés blancs. En myriades déchaînées, ils attaquent les vitres, populace cotonneuse encerclant au galop un invincible ennemi qui se dérobe à l'assaut. Ils aveuglent les rapaces perdus dans leurs tourmentes, jettent leur brocatelle tel un filet dément, resplendissent au soleil qui perce leur armée.

IV

Corolles translucides, ils s'évanouissent dans les buées tièdes, effrayantes des dragons. Ils transpercent, grossissent, traversent les flaques, fondent dans les marais, se jettent en pâture aux sillons labourés. Par centaines de millions, ils se blottissent à terre, recouvrent les allées de leurs pauvres corps figés et, doucement, tout doucement à la chaleur conquise, s'éloignent invisibles entonnant leur doux chant.

Souffles divins

I

Légers, ils murmurent les secrets des couloirs interminables, ils bruissent raffinés caressant les parois contraintes, gémissent larmoyants sur les tourelles escarpées, méchamment burinent les croisées. Frileux, ils transitent sous les tuiles, peignent les clochers, s'engouffrent sous les portails pour hurler vers les toitures, arracher les volets, claquer les espagnolettes, rabattre les vantaux, suivre les chanées. Frivoles, ils hérissent les bouvreuils qui se blottissent au creux des pierres.

II

Matinaux, ils torturent les futaies, martyrisent les feuillées, dispersent les ablais, s'infiltrent au fond des acculs. Ouragans de la nuit des temps, ils enlèvent en leurs embrasses les troncs moussus des chênes vicieux. Ils frôlent de leurs ailes, démunissent les steppes, refroidissent les banquises, gèlent les taïgas. Carrousels des branches dorées, ils tourbillonnent aux soirées automnales, geignent en mille éclats le long des vignes, des sarments qu'ils flétrissent à pleine haleine sans besoin des neiges d'antan.

III

Rugissants, ils écartèlent les canyons, aboient dans les ravins, blessent les rochers, polissent les écueils, chantent dans les tourmentes. Ils hachurent violemment les émeraudes des océans glauques et argent, paraisonnent les lames déferlantes de leurs brumes enivrantes, salissent de leurs gifles amères les goémons sanguinolents jetés aux grèves, griffent de leur éloquence les écumes montées en crête. Ils glairent la rocaille, la transforment en gobille. Reniqueurs des lessives flottant aux lignes du firmament, ils gonflent les voilures de leur appétit sublime; charbouilleurs des sables marins, ils charment les épaves.

IV

Ils caracolent en sarabande, échevèlent les brouillards, ébouriffent les nuées. Plus coupant qu'une querce, ils tranchent les falaises. Rageurs, ils sifflent dans les ténèbres. Refoulés, ils halètent devant les seuils bafoués. Transformés en tornade à l'œil ravageur, ils détruisent, saccagent, piétinent, démolissent les cœurs sauvages. Siroccos aux pleurs torrides, ils aplanissent leurs passages, éparpillent en escadrilles les escarbilles des saharas.

Couleur d'amour

I

Quelle est la couleur de l'amour ? Celle d'un rayon ? Un rayon d'amour serait-il doré ou bien tendre ou formé de deux couleurs concomitantes ? Un rose tendre, de la couleur d'un couchant, juste avant qu'il ne se teinte de mauve ou bien de ce rose pâle d'un levant à peine moiré d'orange lorsqu'il vient de secouer l'aube. Pas trop vif je crois. Celui de la rose ourlée de rosée au matin alors qu'elle vient de s'éclore? Au fond de moi il y a ce rose-là qui vient caresser mon âme à chaque fois que je te vois.

II

Quelle est la couleur de l'amour ? Est-elle celle d'un pigeon qui roucoule sur le balcon ? Ou bien est-ce les pépiements d'oisillons nichés dans la haie de thuyas que la voisine ne voit pas ? Je les entends sans les voir, mais je sais qu'ils sont là. Le père, la mère volent d'ici de là en va-et-vient incessant pour les nourrir décemment. J'observe un instant leur manège, je me sens riche soudain d'un cadeau digne d'une reine. Dans cette cité, n'est-ce pas merveilleux de voir une simple haie de verdure receler en son cœur tout le système de la nature ? C'est la couleur de l'amour !

Ensemble

I

L'aile de l'ange a frôlé de ses caresses de lumière l'orangé des couchants qui se noient dans les brumes. Lueur ambrée percée de la croisée de ton regard d'azur, l'irradiation de ton visage qui salue ma venue. Douceur de tes lèvres qui murmurent mon nom.

II

L'émeraude du ciel attouche les saphirs, surplombe l'améthyste d'une indicible ardeur, la chevauche, l'embrasse, me laisse ébahi d'une telle profusion de teintes impossibles qui se mêlent, se révèlent, s'enlacent, me surprennent. Joyaux d'un soir d'été à l'haleine échauffée, qui se veut pourtant doux, libéral, velouté.

III

La nuit s'unit au jour, crépuscule enivrant aux senteurs de lilas, de musc, de sueur, de sang. Tout agitée de pétales d'aubépine tremblant, elle refuse la rosée, rafraîchit les amants nichés au creux des voiles soufflées par les vents qui tendrement éloignent de leur retraite douillette les curieux, méchants, jaloux de leur bonheur d'être unis à jamais.

IV

Aime-moi, aimons-nous, chante ces notes suprêmes qui ravissent les oiseaux. Mon ouïe rejoint mon cœur lorsque tout près de moi, ta lyre frémit d'amour.

Les souffles

I

Les curieux sur l'avant de la scène me dévisagent derrière leur loup satiné, couple bleu et mauve aux chevelures dorées surmontées de plumages ébouriffés par la brise. Elle croule sous le poids de ses bijoux, lui lève le bras en signe amical; leur costume lumineux inonde de soleil le cortège divin de mes espoirs nocturnes. Mais, combien sont-ils donc ? Je vois les dentelles couleur marine d'émeraude, transparente en contre-jour où la malachite se mêle à des perles vertes comme l'amour, jade resplendissant de la nuit qui m'appelle, me berce en son cœur pour un repos divin.

II

Au matin je m'éveille saluée par le couple saumon aux tendres camélias dans leur tulle de pêche. Des cristaux de quartz rose s'étalent sur sa toilette; lui, droit tel un césar, me souhaite le bon matin. Ils sont suivis par l'aurore vaporeuse, un duvet qui volette dans les rubis persistants telles les larmes de sang de la vie amoureuse entourée des bras forts du jour son amant. Son cou gracile de cygne s'incline, se balance, m'invite à bondir hors ma couche de lumière, gravir sans tarder les rayons éclatants du bonheur souverain.

III

Sur ma droite ton visage avenant, entouré de tes femmes, surplombe le canal de turquoise tendu. Ta chevelure s'étire dans l'azur éphémère qui bien qu'indiscernable n'en est pas moins présent. Le nœud de ton foulard dissimule les cartes de ta passion qui chevauchent ton cœur sous ta chemise de soie. Tes compagnes alanguies dans leurs atours sublimes, te soutiennent en souriant puisque vers moi tu viens.

Les eaux océanes

I

Elles halètent puissamment, exhalent une haleine iodée que l'on respire bien avant qu'on ne les voie, éparpillent en soupirant leurs embruns au-dessus des falaises, fouettent les parois crayeuses, creusent leurs gargouilles, dégoulinent en bave mousseuse, se repoussent en mugissant. Magiciennes de l'illusion, elles dégringolent en cascades ruisselantes, s'évaporent en un clin d'œil.

II

Elles se giflent, s'abattent en tourbillons évanescents. Fracassantes, elles déferlent en brisants ravageurs, martèlent les roches, arrachent les goémons, matent les aspérités, envahissent les chanées, se dressent victorieuses en un défi tapageur dont l'ampleur majestueuse nous enivre, nous refoule loin des grèves où se jouent les destins.

III

Elles galopent sur la plage, gambadent sur les galets, s'évanouissent dans le sable. Telles des lymphes infinies, elles se répandent en flaques languides, étalent leurs paresseux regrets, navrées de ne point assaillir fougueuses les rides du rivage. Bruissantes, elles découvrent les écailles nacrées qui miroitent au soleil, se faufilent rutilantes parmi les graviers.

IV

Alliées des grands vents, elles débordent sur les boulevards aux grandes malines, les recouvrent d'une chape blanche qui s'éclate en un bruit assourdissant. D'humeur incognoscible, elles effritent les remparts, hébergent les moussillons. Sauneries naturelles, elles rongent les cordages. Telles des aspioles munies de mélanine, elles teintent les jetées sans souci du quayage, renversent les épaves, les laissent toutes pommetées.

Pimbêche

I

Elle me barre le chemin de sa transparence mouvante tel un cristal vainqueur dans une vitrine ciselée. Les biseaux de ses glaces grincent de mille reflets, envoient dans les soleils des arcs-en-ciel en fureur qui se décochent des œillades de rubis, de jaspe, fouettent les azurs de stries d'or, de saphirs, de topaze, d'argent. Alors que j'avance, elle s'écarte d'un bond, se promet d'imiter cette coiffure qu'elle jalouse. Puisque Armide a tressé de turquoise ses cheveux d'ébène ondulant en filet devant ses yeux rieurs, voilés de langueur radieuse.

II

J'observe alors ses boucles, pareilles aux épis blonds courbés sur les adrets par les souffles flatteurs. Elle n'a rien à envier, pourquoi est-elle amère ? Ne lui suffit-il pas d'accrocher à son coude le rhinocéros cornu et le crocodile brillant dont les cuirs polis parfaits en formes curieuses innoveront les toilettes aux yeux de ses admirateurs. Framboise, cerise ou bien mangue mûre; les teintes de la mode l'entourent de leur chaleur.

Regard

I

Si tu regardes la lumière, la beauté est partout.
Dans le ciel, bien sûr, à l'heure où l'horizon
s'en va, mais aussi dans la teinte nouvelle des
réverbères en bas.

II

Vois les vitres qui s'éclairent, les carreaux
verdissants, où luisent, juste derrière, les
ombres de tes frères, les gisants.

III

Chaque ampoule est un flambeau, chaque
lampe une torche. Le mauve strie l'azur qui
n'est plus d'un couchant, dans lequel
clignotent les ailes de gros oiseaux
vrombissants.

IV

Des néons alors s'allument, tout va
s'obscurcissant, mais la beauté est partout si
tu regardes la lumière.

Paysage de la Tour du veau

I

Droit devant les tours, les tourelles du musée national qui abrite les chefs-d'œuvre, mille fois admirés, que l'on admirera encore. Plus loin, là-bas, au loin, des grues de construction dressent leur squelette criard dans le brouillard et, aboient au ciel caché dans lequel crient les avions, monstres ailés, monstres d'acier qui pèsent en ligne droite sur l'horizon enfoui parmi la grisaille confondue à l'ardoise des toits.

II

Sur ma droite, les coqs des girouettes, perchés sur les flèches de l'église se hérissent dans le vent, résistent à la tempête, grincent, lancent leurs ors polis, érigés en vainqueurs au-dessus des ogives grises sans vitraux, sans couleur, sans saveur, mornes, stricts, trapus édifices où se réfugie la foi se disant détenir la vérité depuis la nuit des temps.

III

Les toits rouge-hurlant prétendent représenter l'ancienneté, dissimulés derrière les façades restaurées, voulant nous faire accroire à la pureté d'un style depuis longtemps révolu, ville fantôme s'il en fut. Pleurs de folie, de fausseté, de fatras; de beauté, toutefois, pour qui sait regarder.

IV

Çà et là, des touffes de verdure surmontent les roideurs, des courbes se révèlent. Avec la patience des secondes s'égrènent, se muent en minutes, lorsque passe silencieux le héron aux pattes tendues, balayées par ses ailes qui claquent dans les airs. Plus près encore, à le toucher de ton bras étendu, se dresse le lion doré, coiffé de sa couronne. Sur ses pattes arrière, la langue pourpre tirée, sabre au clair, il défie la cité.

Mer du Nord

I

Les vents hurlent d'amour sur les plages brumeuses, dévastées par les eaux qui rugissent au loin, emmènent en tourbillons éperdus de douleurs les mouettes affolées, criardes qui piaillent, déchirent l'écho de leurs stridences éberluées.

II

Alvéoles ridées de quartz étincelant dont chaque épée fourrage, fouaille, se bat contre le néant. Le sable courre sur les dunes fleuries par les ajoncs dressés tels l'armée enfouie du peuple d'un roi géant.

III

Mon corps appelle ton corps, ma bouche appelle tes lèvres, mes yeux ruissellent de larmes comme les pleurs du ciel se mêlent au creux des vagues, récurrents synonymes de l'éternel retour qui inclue en pensée les éternels départs.

Aperçus de réalité

I

J'ai embrassé le ciel de la nuit faillissante, fleuri d'étoiles, l'aube m'a serrée dans ses bras d'aurore. Le soleil de ses murmures m'a annoncé le jour, les nuages striés d'or m'ont révélé mon âme, fidèle compagne de mes solitudes enivrantes. Ensemble, nous courons sur les lacs moirés où s'ébattent follement les cygnes jonchés de fleurs frôlées des abeilles de velours bruissant, dont les miels embaumés odoreront ma table. Nous butinerons les nénuphars aux racines envasées, corolles de sagesse aux secrets partagés, blancheur nacrée, doux pétales laiteux sur des feuilles d'émeraude, refuge pour grenouille luisante aux grands yeux ronds lassés. Les lys sur les rives lointaines enfouies sous les roseaux plumés, claironnent le jour naissant, scandant nos pas trépidants sonnant l'hallali des tristesses, des heures d'oubli.

II

Portés par les zéphyrs enrobés de fragrances

subtiles, nous montons à l'assaut des rayons salvateurs, vrombissant de lumière, à demi aveuglés de bonheur, de joie, nous saisissant enfin des lueurs amères, pleines d'incandescences, de fureur bleutée. Soulevés par les lames meublant les flots d'argent, nous atteignons la lune qui nous berce doucement. Elle nous conte jadis, nous montre naguère, découvrant les futurs en parlant des passés. Dans les profondeurs de ses eaux hurlent les carpes prisonnières des cristaux ruisselants miroitant de reflets. Magie des poésies gravant dans les nues ce que les hommes croient voir et qui m'est apparu. Les diamants des vagues rutilent, endiablés dans le sillage d'une barge aux flancs éperonnés. La cavale hennit sur la rive opposée, défiant les cavaliers de jamais l'enfourcher.

III

Mon cœur affolé se calme, se tait, apeuré dans le soir par la lune éclairé, il scrute l'ultramarin de la nuit argentée que griffent les grands arbres aux cimes aiguisées. Giflées par la vitesse des sillons des bolides, grisées par les vapeurs des engins élancés, les ombres déguisées en monstres étourdis, s'effarouchent et s'enfuient à l'approche des villes. Les lointains miroitant de scintillantes étoiles voudraient faire croire encore aux brutes festivités des danses endiablées en farandoles tournantes, issues de civilisations aux armures trouées. Des gouffres de lumière surgissent du néant, trous béants de douleur, charriant l'insanité d'un monde sans compas dérivant dans l'éternité, brassant les maux rompus de toute l'humanité. Des quais déserts plombés, des wagons gémissants, des rails surchauffés, l'indigo falsifié des néons hurleurs croassent sans répit, se voudraient couleur, brandissant leurs lueurs criardes, leurs senteurs glacées. Des chairs tuméfiées aux squelettes boursouflés supplient des adieux aux flammes des brasiers. Les réverbères fatigués pleurent leur clarté dans les cieux embrouillés de lettres rouge sang, de phares dorés, évanescence luisante des autoroutes sacrées. Les fragrances refoulées des gratte-ciel ployés se baignent dans les dômes des citrons allumés. Tristes odeurs des soirs qui se veulent d'été. Un chapeau feutre paille volute la fumée, s'envole en riant, charme le convoi déluré. De l'autre côté de la vitre, sans compromis aucun, des environs cachés la nuit s'est emparée. Mon cœur ne voit plus rien, tout désemparé, il cherche le sommeil, part en randonnée.

IV

L'éternité d'azur me parle de grèves farouches où des chevilles mutines foulent les quartzs dorés que des vagues démentielles aux flots forcenés ont battu à plaisir d'un ressac endiablé. Les ors s'entrelacent aux nacres irisées dans les vapeurs moirées, inexorables lueurs des lointains enfumés, à demi disparus dans des courbes voilées.

Eternel présent

I

Sous le regard naissant, ils apparaissent, se composent, ils s'imbibent des lueurs de l'aube toute de vernis moirée, ils se lovent, s'enroulent et se déroulent, se nichant au creux des brises, ils bondissent, ils disparaissent, ressurgissent en ellipses enchevêtrées, défiant les lois cryptiques de la créativité. Craintifs, ils s'emmitouflent de grands mystères, puis, rejetant leur castorine, se fendillent, se craquellent, se fissurent, se fendent, se lézardent, se crevassent et enfin s'ouvrent, se fondent, se livrent, s'effondrent tels des vagues émergeant d'un ciel fougueux fouetté à sang. Grands dragons somnolents aux naseaux vaporeux, ils reflètent mille soleils aux crépuscules vainqueurs. Laiteux, ils s'amalgament en bouillonnements et tourbillonnent à satiété dans des discours grandiloquents que leur soufflent les bourrasques. Ils nous parlent et nous racontent, ils nous avouent leurs secrets, nous annoncent leurs espoirs, devisent sur le temps qu'il fait, ils nous murmurent la nuit des temps, ils nous susurrent le temps retrouvé, ils chuchotent le temps perdu, ils hurlent aux temps bénis; exaltés, ils chantent à pleine peine d'inénarrables temps sacrés. Ils circonvolutent en fumée brumeuse, ils grandissent, vieillissent, font peau neuve, se déguisent, se modifient, ils se bouleversent, ils se malmènent, ils chahutent indisciplinés. Légitime troupeau des Dieux, ils se disputent; se bousculant, ils chancellent, ils s'éparpillent en éventail et, s'égrènent en un instant pour rejoindre le néant.

II

Ils s'entredévorent dans les dunes du ciel, se déchirent en sarabandes affolées sur les lunes brûlées. Ils s'embrassent, ils s'étreignent, ils s'étirent, ils s'envolent, ils se dissolvent; filets neigeux des insaisissables immensités. Leurs doigts crochus crayeux lacèrent les horizons inquiétés où se réverbèrent lointaines, éphémères, les réminiscences des passés. Ils s'immiscent dans l'azur qui ne peut les repousser, le violentent, le labourent, le dissimulent et l'absorbent, le masquent et le dérobent. Ainsi, ils éjaculent en trombe et fécondent océans, champs et marées.

Satisfaits, ils se mirent dans les lacs et se fondent aux banquises. Exagérément, incoercibles, ils chavirent menaçants, transforment les plus cordiaux profils en des masques grimaçants. Épuisés, ils se teintent de damassés chatoyants, annoncent les soirées de bal. Ils courent sur les ors, valsent sur les aciers, balayent sans vergogne de graciles cicatrices dans les arcs-en-ciel des bleus embués et, doucement s'évaporent en brumes légères, disséminés par les explosifs couchants.

III

Là, c'est une cavalcade sanglante, où les crinières opalines affriolantes, les queues ivoire ébouriffées se mêlent aux sabots éculés fumants. Tels des hordes blafardes échevelées, ils dévalent à pleines courses, les déclins blêmes, ils se frottent aux gratte-ciel, se rejoignent derrière les tours, se séparent. Las, ils se retrouvent en des volutes d'acanthe lactescentes de langueur dépravée, se poussent, se bousculent, rient à buée déployée; plus loin encore, des tourbillons blanchâtres indécis et rageurs, naissent des êtres fantomatiques dans des fantasmagories délirantes de beauté carnavalesque, percutant dans leur force de pantomime burlesque des pantins désarticulés virevoltant dans le plomb de l'acier grivois. Ils démantèlent les sommets, frôlent les clochers; ces grands oiseaux livides aux envergures pâmées de madrures, traînent leurs ailes crème décapitées et sèment leurs plumes de perles patinées au zénith déchiqueté: virginal duvet jeté à l'envolée.

IV

Faciliformes repaires des aspioles, ils se déchaînent aux grandes malines, s'amadouent, se séduisent, ils s'enchantent, se guettent, se tyrannisent, se courtisent, se chevauchent. Ils s'enfourchent, ils s'accouplent, ils s'empalent par-devant, se décapitent, se crucifient pour l'amour d'un petit vent. Infatigables réseleuses, ils batifolent, offrent et présentent leurs dentelles éthérées, écume moussante d'une aube de levant. Ils se suggèrent, ils se touchent, ils se frôlent, ils se caressent, ils frémissent, ils s'enlacent au gré d'un souffle papillotant. Ils tremblent, ils tressaillent, ils sursautent, ils s'évanouissent tels des vierges, en voiles de faille parées, au tournoi de leurs amants vaincus. Pareils à des obélies délaissées sur des berges bafouées, ils s'étiolent alors à devenir transparent. Ils s'effilochent, ils s'embobèchent, jouent à cache-cache, tête-bêche se découvrent au firmament. Ils papillotent, ils s'étourdissent en longs écheveaux se dévidant, ils se colorent de lamés ambrés, ils se souviennent d'images troublées de vérité immaculée.

Les nuages strapassent l'appel du mystique, l'étalent en fil d'argent, traçant des signes cabalistiques dans le mercure pâlissant.

Fol amour

I

Les arcs-en-ciel embaument d'éblouissantes saveurs les pages de mon désir. Je plonge dans une myriade de couleurs existentielles, fleuries de pourpre et d'or, lorsque tu me caresses de ta pensée virile, illuminant d'étincelles crépitantes et tendrement sauvages, l'ignition de mon corps aux ailes déployées, survolant la langueur assoupie de ton humeur badine. Je me noie de délices dans ton onde nacrée, pâmée par ta faconde au débit argenté. Je me laisse emporter sur le croissant magique des zéphyrs frissonnants, douillettement lovée au zénith fulgurant; une plume se jouant de toutes les tempêtes. Des éclairs bleuissant savamment s'entremêlent aux oranges moirés des ambres du couchant. La terre et le soleil s'unissent à l'horizon, de leur union fébrile émerge l'amour naissant.

II

Nous laissant balancer sur les flots chamarrés de l'extase conquise, je jouis pleinement emportée sur les voiles d'une odyssée irisée.

Nos regards embués de douceur partagée, nous révèlent le monde dans sa splendeur glorieuse. Les humains sont des anges de bonté attendrie, concourant au bonheur de nous savoir unis. Les foules nous baignent de leurs doux murmures, clapotements ravissants à nos ouïes épanouies. Emprisonné dans son carcan, mon cœur exalté voudrait s'échapper, lorsque endormi à mes côtés, je scrute, sur ta face au repos, les cicatrices de tes paupières fermées trahissant de tressaillements fébriles, les divinités régnant sur tes songes enfiévrés. Protégés dans notre édicule invisible du monde, le kaléidoscope de nos moments sacrés danse une ronde subtile dans nos âmes enflammées. Le réveil est une rose ourlée de rosée, offerte sans pudeur à nos corps assoiffés.

III

Une fissure légère craquelle la voûte lactée de nos aurores embrasées. D'irradiantes nébuleuses les traversent au gré des vents des paroles prononcées. Les lames se crêtent d'écume emportant les ouragans de nos désirs affadis. Les bourrasques dénudent les branches de nos élans trépassés. Les éléments déchaînés arrachent notre refuge, nous laissant pantelants, ahuris. Les foules menaçantes nous séparent en hurlant. Les visages criards, déformés et lugubres, brisent les ailes d'Amour à terre vaincu, impuissant, désarticulé.

IV

Un crêpe noir défigure le soleil endeuillé. L'horizon vomit des nuages goudronnés, parsemés d'éclairs rageurs crevant d'éclats zébrés les torrents bouillonnants des colères assouvies. Les ondées fulgurantes transpercent mes yeux salés de leurs gouttes acérées, me rendant aveugle de ne plus te voir. La foule morveuse bave ses pensées acerbes et insensées. Recroquevillée, immobile, haletante, sans un geste plus oser, j'attends le prochain départ qui ne saurait durer.

V

De douleur apaisée renaît en moi l'espoir. Laissant loin derrière moi les marécages bourbeux aux traîtres sentiers, je foule les quartzs brillants des plages du plaisir, léchées par l'onde sereine des mers de volupté. L'aube avenante et pâle faisant de légers adieux à la lune famélique, m'annonce le jour nouveau porteur de mille délices, résurrection innée de mon âme vagabonde me conduisant aux portes de l'enfer sacré. Je revivrai sans toi les féeries suprêmes sans jamais craindre encore de te perdre à jamais.

Initiation

I

Ganymède, fils de Tros, le fondateur de Troyes, était si beau que Zeus revêtant les traits d'un aigle l'enleva pour l'Olympe, où il devint l'amant des dieux. Immortalisé au ciel de la nuit noire, il rutile des feux scintillants de la constellation du Verseau.

II

Les nuages entourent la maison haut dans le ciel. La mer est en vue, mais les flammes de l'incendie dévorant devront être traversées pour retrouver le chemin de la Montagne menant au Bouddha.

III

Partir pour le désert, embrasser le feu, traverser le brasier, à demi asphyxiée par les sombres volutes incandescentes tournoyant dans la fumée striée orange, atteindre la cascade se fracassant sur les roches moussues. Se rafraîchir aux gouttes irisées de soleil et, enceinte de mille nouveautés, rencontrer le second esprit, l'âme sœur, le frère jumeau ; se fondre avec lui dans le passage de la queue du paon.

IV

Que le voile se déchire et révèle la grille, seule me séparant de l'immense éternité. Escalader l'escalier de marbre, aller cueillir l'Iris en fleur. Iris sœur naturelle des Harpies, descendance de l'hymen des Flots et de la Terre. Iris qui me verse l'or que j'ai semé à toutes les marées. Dans les vents cardinaux, l'or me revient sur les ailes déployées d'Iris qui me conduit à la chambre au trésor, me pousse de l'autre côté du miroir traversant les deux pôles.

V

Le Bouddha-Phœnix pourpre d'or descend sur le château de la mort. L'amant cavalier apporte la délivrance tant attendue et, le soleil inassouvissable provoque les feux d'artifice bariolés. Ressortir brûlée, carbonisée, capable enfin de franchir la grille et la porte grandes ouvertes.
- Écoute, dit Bouddha, écoute et assieds-toi. La lumière t'apparaîtra."
Merci King of Africa.

VI

Je pénètre dans le soleil, y rencontre ma réflexion. Les divergences sont effacées. Bahirav, dieu de l'astre diurne me coiffe de mon masque d'or avec un seul ciel. Craindre de ne recevoir de la poudre dans les yeux; l'aveuglement étant le danger encouru. Ma prière alors s'élève sereine et sincère dans l'azur sans fin: Aide-moi à percevoir les humains tels qu'ils sont.

VII

Retour à la base. Retour aux gammes qui doivent se transformer en or pur et s'éveiller aux aurores. Écouter le coq d'or et le rossignol d'opale. Écouter et chanter. Chanter dans le tunnel. Chanter. Mon deuxième corps est né et, le troisième suivra. Chanter dans les plumes de la queue de l'oiseau de paradis, car le rouge est le but. Chanter pour ne pas avoir peur. Chanter à tue-tête. Chanter à pleine voix. Le chant, le seul langage parlant de cœur à cœur.

Inflexions lyriques

Sublime, inaltérable dans son intégrité, elle vient des profondeurs les plus obscures de l'inconscient, apportée sur les vents de la mémoire atavique.

I

Mystérieuse, elle chuchote les secrets, murmure les mots d'amour, susurre les paroles tendres, les fadaises, les hommages, braille, brame, les lamentations. Joyeusement, elle gazouille, babille dans le cœur des jeunes enfants. Elle roucoule les rengaines, bafouille, marmonne, balbutie, bredouille platement les excuses. Les injures, elle les grommelle, les vocifère, les tempête, les profère, les projette dans le vide indéniable de la déraison, anéantissant les arguments contraires. Furieuse, elle prononce sciemment les traits qui blessent, crie les désespoirs, hurle les angoisses, tout en sachant implorer les pardons.

II

Au collège, elle débite, anone, récite les leçons. Juchée sur une cathèdre, elle discourt, pérore, jargonne, catéchise, distribue la connaissance. A l'église, elle défile les chapelets, rabâche les antiennes. Elle tonne les imprécations, s'égosille dans les interdits, baragouine les formules, bégaie avec impatience. Lors de célébrations, elle entonne les hymnes. Aux inaugurations, elle déclame, braille les discours. Gauloise, elle grasseye au septentrion. Apanage des vieillards, elle chevrote. Quelquefois, elle zézaie sur les dentales, zozote disent certains, blèse d'autres. Benoît la fit nasiller un Requiem par deux fillettes pubères. Les foules, elle les harangue. Familièrement, elle devise, verbiage, jabote, cause, jase, bavarde, jacasse, patauge. Toute d'harmonie, elle opine ou préopine alors.

III

Recueillie, elle psalmodie les prières dans l'ombre fraîche des cathédrales. Libre, elle vocalise, lie, vibre, coule, porte, file, trille, donne à l'opéra, interprète au théâtre, chantonne, fredonne les berceuses, beugle à tue-tête les airs favoris. Tour à tour, on la trouve rauque, sépulcrale, caverneuse, nasillarde, grêle, cassée, enrouée, avinée, éraillée, traînante, graveleuse, voilée, sourde, tonitruante, de Stentor, de rogomme, aphone, de gorge ou de tête. Innombrables ses possessions s'accumulent : un filet, un chat, un voile, un timbre, une intonation, un débit, un accent, des registres, une mue ! Mécontente, elle rognonne, ronchonne, marmonne, marmotte, barguigne et grogne, mais humble dans la tristesse, elle implore les pardons. Elle s'adoucit dans l'amitié, se baisse en fin de phrase, se hausse pour questionner. Incertaine, elle sombre dans la faiblesse, bourdonne de l'inintelligible. Guillerette, elle s'élève dans les airs lorsque pleine de gaieté.

IV

Souveraine incontestable et incontestée au domaine des ondes sonores, l'étendue de son royaume s'étale du timbre à l'accord, du ramage à l'organe. La portée de ses émissions escalade les registres. Elle règne sur le plain-chant, la mélodie, la mélopée, les airs, les morceaux, les grands airs. Sans elle, qu'est-ce qu'une chorale, un chœur, un cantique ? N'est-elle pas essentielle aux motets, à l'oratorio, à l'ariette, aux roulades ? Primordiale également pour la cantilène, la romance, la complainte, la chansonnette ? Indispensable à la cantate, l'aubade et la sérénade des amoureux ? Le grégorien lui rend hommage, adule sa prépondérance. N'est-ce pas elle qui, pour rompre le mutisme, ouvre les bouches, module le verbe ?

Invisible, insaisissable, intangible et ineffable, la Voix, divinité impalpable, répudie l'inéluctable silence vital à sa réalité.

Messe internationale

I

Ta lumière se confond aux rayons du soleil. Des bougies s'envolent les âmes de suppliciés. Les sœurs, sur les bancs telles des corneilles impavides, chantent de leurs voix d'anges esseulés pour ta gloire infinie toute d'or et d'orgueil, de bois doublement béni.

II

Frémissement froissé de plis de textiles remués. Debout là-dedans ! La cloche sonne et le vieillard à calotte rose au-dessus de sa chasuble vert pomme avance, suivi d'une barbiche en longue robe blanche à demi voilée par une pèlerine d'encre. Les voix à nouveau s'élèvent incertaines, accompagnées par les orgues grinçantes malmenées à contretemps.

III

Marie, impassible, berce éternellement Jésus. Elle en a entendu bien d'autres au cours des siècles ! Une messe internationale ! La calotte rose déblatère en allemand, les applaudissements fusent. Une porte grimace, un ponte a pris la parole !!!

IV

Les enfants de chœur, tout en blanc, frisent la cinquantaine et plus. Les petites sœurs font un pèlerinage. Avec leurs économies, elles ont loué la basilique, aussi leur évêque chéri annone la messe en cet endroit célèbre dans les annales abyssales. Quelques touristes perdus se trimbalent avec nonchalance, ne prétendent même pas suivre les rites du culte. Un photographe de service enregistre l'évènement.

V

La corneille crachote à son tour dans le micro ce qui occasionne une explosion d'amen fatigués.

Malgré tout, le cœur n'y est plus. Les réformes n'y changeront rien, pas plus que les petits vins blancs de la collation dressée sur les tables de bois dans le jardin du presbytère avec vue sur le cimetière.

VI

Alléluia ! On entonne quelques mesures de la messe de Berlioz, puis on enchaîne sur Haendel. J'aurai bien aimé Mozart aussi, mais pourquoi se plaindre puisque c'est le tour de Fauré !

Spleen d'Amsterdam

Prospérité

L'eau transparente, liquide, fluide, laisse voir
en son sein les coquilles blanches des œufs
dans la bassine d'aluminium argent.
L'amitié et l'amour ne peuvent se contraindre,
mais découlent de la bienséance empreinte de
tendresse et de douceur, la marque d'une
volonté bien éduquée.

Méandres

Des méandres de ma nuit ne sortent plus aucunes claires images. Tout est confus. Tout est bruit. Cependant j'essaie de percer ces brumes épaissies par les crépuscules rampant d'une sorte d'infini où je rôde à la recherche de souvenirs plus précis. Est-ce un bois ou bien un marécage qui m'a offert ses chimères ? Seul me reste la vision d'une transparence feutrée et muette.

Clair-obscur

Fulgurance d'incertitudes cacophoniques.
Déchirures, brisures, larmes lacérées d'une vision oblique.
Deux cygnes déploient sans grâce leurs lourdes ailes neigeuses.
Ils survolent les tuiles des toitures incarnates.

Sourire

Cette lueur ambrée
percée de la croisée
de ton regard d'azur.
Irradiation de ton visage rieur
qui salue ma venue.

Visions

J'ai vu un corps bizarrement griffé. Mais j'ignore si ce fut le mien. De zébrures toute parsemée, la poitrine saignait de bien étranges blessures. Était-ce dans un miroir, une réflexion maligne ou une simple vision qui se faisait mutine ? Pourtant elle m'affola et, c'est avec un cri que l'aube me réveilla.

Une tête d'enfant dans un sac en plastique transparent. Le monstre une fois de plus a sévi. Le pauvre petit ange a été victime de l'incapacité des sociétés à protéger l'enfance.

Ignominus Sanctus

Je suis un être ignoble parce que la peur m'habite. Pas la peur de quelque chose. Non. La peur viscérale ancrée dans mes tripes. Celle qui vient du fond des âges. Bien nouée, accrochée à ma mémoire atavique, enchevêtrée à tous mes gestes, tous mes regards. Lovée au creux de mon estomac, elle sommeille dans son antre noir pour bondir quelquefois lumineuse et fugace. Elle m'entraîne alors dans la folie de mes audaces, me fait découvrir par sa transparence visqueuse, des terres inconnues aux paysages incertains dont je reviens comblé, éperdu d'un désir de repos, satisfait dans le jour que m'apporte demain. D'autres fois, elle se cabre fougueuse et indomptable. Furieuse, elle me projette dans un ciel d'encre sans étoile et sans lune, elle s'emballe, rue des quatre fers, me maltraite l'âme. Cramponné à sa crinière, les yeux exorbités et douloureux, je ne vois que le néant défiler en tourbillons opaques. Muselé, vaincu, jeté à terre par sa fureur. Elle me piétine, me laisse figé, cloué au sol, meurtri, muet, incapable de proférer une parole ou d'implorer un pardon.

L'auberge muséale

Le radiateur tout en azur dispense sa chaleur généreuse et la literie soyeuse accueille généreusement les visiteurs égarés. Un professeur révèle sa connaissance, un autre son savoir. Sans un mot, superbement drapée de sa morgue rayonnante, sa chevelure ambrée lui balayant les reins, une jeune fille vient s'asseoir dans un fauteuil d'osier. Deux perruches viennent voleter autour d'elle et picorer le grain de blé qu'elle tient serré entre deux doigts. À terre, un nid rempli d'œufs rouges, vermillon, carmin. Des oiseaux aux plumes incarnates allument un écran en relief qui reflète une architecture de colonnes dorées.

Réconciliation

Certains matins, je me sens amie avec la terre entière. J'aimerais aller vers mes ennemis, leur dire : « Allons, faisons la paix, la vie est si courte. Pourquoi garder en soi des rancœurs vieillies ? Serrons-nous la main puisque dans le temps nous avons été liés. » Malgré tout, je ne le puis sachant trop bien par expérience, qu'ils prendraient pour de la faiblesse ce qui serait générosité. Notre discorde, elle aussi, est née d'un malentendu. Toutefois, je voudrais tant que mon geste ne restât pas incompris.

L'Ivrogne

Ses yeux bleus distillent le venin des serpents siffleurs. Ses lèvres, brunes limaces vengeresses s'écrasent sur l'ébène de ses caries ténébreuses, recrachent la bave et les injures. Son ricanement caverneux se creuse, se perd dans les quintes qui l'étouffent. Sa mélancolie et sa désillusion l'auréolent autant que l'embaume son haleine abîmée. La vermine est la seule compagne qui lui reste ; la solitude lui tient lieu de conseil. Goulûment, il tête tout breuvage qui peut lui apporter l'oubli.

Désir

Lentement, de profondeurs lointaines, une onde s'infiltre en moi, sourde jusqu'à mon cœur, finalement me submerge. Musique noire de l'orgue humain qui résonne en mon âme, l'envahit des accords subtils accolant la dominante. L'appel du désir s'empare de mon corps. Mes muscles se tendent alors, s'amollissent en même temps, s'adonnent à la langueur, tressaillent en sursauts indépendamment de moi. S'il fait chaud dans la nuit, je grelotte de froid, mais une température modeste m'étouffe de vapeurs. Jubilante, je m'observe, heureuse de pouvoir libre encore, ressentir de telles impressions. Sensations enivrantes qui claironnent que je vis.

Le rossignol

Puisque j'entends le rossignol égrener ses trilles dans le velours de la nuit, cela veut dire : tu es parti. Parti pour un lointain voyage au seuil de l'inconnu, sans retour, sans lumière, sans adieu, sans espoir. Un voyage qui t'entraîne toujours plus loin, plus loin, toujours plus bas dans les algues, les tréfonds où les cathédrales gigantesques surgissent dans les aurores sculptées aux ivoires chantournés, telles les sentinelles enivrées de nos escapades fugaces.

Te souvient-il encore du fond de ta nuit noire, des heures de lumière qui nous bercèrent jadis ? Alors sans un sarcasme, nous murmurions sans fin, apeurés de bonheur à l'orée du divin. Ta voix, baume de miel, enrobait mes blessures d'un linceul de dentelles. Qu'importait les mots alors ! Seule ta parole en cascade de perles comptait à l'oiseau palpitant en mon cœur éveillé. Le son de cette musique avivait mon désir, je m'offrais impudique à tes tendres caresses. Dis-moi, t'en souvient-il encore ?

Cavalcade

Un galop effréné nous mène dans la plaine. Devant nous, deux larges chemins de sable mènent à la forêt. N'aie pas peur, serre-moi fort de tes petites mains potelées ; la monture est robuste et sa croupe hospitalière. Tes bras entourent ma taille, je sens que tu es là. Est-ce chien ou cheval qui nous mène à ce train ? Cavalcade à travers champs, envol aux barrières, mottes qui voltigent, qui rythment éperdument une fuite, une course jusqu'à l'arrivée consolatrice où nous attend le repos où nous jouissons soulagées.

L'héroïne

Leurs yeux de braise noire lancent les éclairs jaloux de l'inquisition, la couvent de leur haine. Elle sourit inconsciente du danger qui la guette, enjambe les obstacles, va et vient d'avant en arrière sans se soucier des pièges tendus, traîtres. Elle force leur admiration qu'ils versent à ses pieds comme à regret. Pourquoi n'est-elle pas tombée ? Elle les emmène dans son sillage, leur démontre les inepties de leur raisonnement, architecture convexe qui converge vers l'horizon en un point de non-retour d'où il faut cependant repartir. Les dollars s'éparpillent en papillons légers, frivoles. Elle éclate d'un rire heureux à les voir s'activer comme un jardinier sur les feuilles d'automne délaissées. Pour elle c'est un jeu ; pour eux….

Matin d'automne

Une pluie lancinante matraque les carreaux de sa mélopée monotone entrecoupée de grognements rageurs, presque douloureusement. La campagne apparaît au travers d'un déluge envahisseur, grossi et inégal derrière le dégoulinement agglutiné aux vitres refroidies. Les fenêtres pleurent tout leur saoul devant les champs décrépis où des herses tordues, noires, déchirent en lambeaux les nuages affolés qui bondissent pêle-mêle au ras des collines, exultent leur tristesse dans l'infini des gris. Les sillons éventrés luisent grassement, s'étalent sans pudeur, rejoignent l'horizon. Seul, insouciant des battements du vent mouillé par les rafales, un merle d'ébène fourrage de son bec de feu les débris cramoisis amoncelés aux pieds des granges.

Bien-être

Bercée par les mots de lumière, je baigne dans les flammes vives qui chantent les gloires futures des amours triomphantes. Oranges claironnant, mouillés de jaune et d'or, susurrant des mélopées envoûtantes qui s'épanchent en cascades hilares que la joie éclate. Tournoiement langoureux, vertige ensorceleur du silence tonitruant dans son assourdissante lenteur. Mélange du jour et de la nuit, aube naissante ou crépuscule vainqueur, qu'importe, puisque blottie à l'abri des délices, je savoure enchantée les sons de ton vouloir. Victoire des désirs qui poussent à la lutte, jouissance infinie du devoir achevé.

Gueules d'empeigne

Ils se nichent dans leur mécontentement, s'enveloppent de leur indifférence. Ressassent des souvenirs, sans plaisirs aucun. Évidence ! Ils rabâchent les mêmes histoires, mâchent amers leurs déboires. Nous rappellent avoir connu la guerre, nous giflent de leurs souffrances, mais oublient, par convenance, qu'ils ont vendu leurs voisins. Pour du pain ? Non pas. Pour rien !

Alors, blêmes, ils se traînent d'un jour à l'autre par une nuit de cauchemar ; ils suintent le remord, maintenant que leur mort approche. Ils se souviennent de Dora, de Rachel, de Moïse et d'Isaac. Ceux de la Bible ? Non pas, ceux du troisième !

Jour de l'an

Je passe le seuil de la porte, une grosse cerise rouge sombre enrobée de glace dure dans la paume de ma main. Je la pèle à l'aide de mon canif, brise son enveloppe qui craque. Le soleil batifole autour de mes chevilles comme un chiot heureux. Tu me rejoins apportant ton violoncelle dont la caisse t'encombre. Au lieu des cordes tu optes pour la flûte de tes ancêtres aux sons ombragés comme les forêts profondes. Celui qui essaie de t'imiter n'obtient qu'un pâle sifflet. Bien qu'élégant, il ne puisse aucunement se mesurer à l'orgue de ton instrument. Une carte en plastique avec en filigrane un portrait d'Indien aux longs cheveux me révèle le mystère de ta venue.

Moi, j'écris en lettres capitales sur une feuille blanche et je croque des choux de Bruxelles au goût douceâtre de châtaigne.

Florida

Toute de crème et d'argent, le coussin de cuir chromé leur offre son refuge le long du boulevard tiède, amolli par la brise émergeant du désert. Des petits oiseaux folâtres aux plumes bleues virevoltent venant du large. Ils se confondent aux vagues, à l'horizon. Quelques-uns plus audacieux s'écrasent sur le pare-brise, étoiles incarnates qui tranchent sur l'indigo. La villa au crépi rose, avec ses embrasures laiteuses rappelle une pâtisserie qui attendrait un appétit de géant. Rien ne laisse soupçonner le brusque changement de décor. Un virage à droite, ce sont des piments verts et rouges dissimulés à demi parmi les feuillages touffus des arbustes en fleurs. Les perroquets assourdis de soleil dodelinent à l'ombre des lianes ténébreuses, mêlées au lierre, aux orchidées et aux vignes juteuses. De l'inextricable fouillis protecteur et hostile émerge un chaton angora dont la fourrure soyeuse jonchée de feu, de diamants et de rubis s'éparpille jusqu'à terre. Ses yeux illuminés questionnent ardemment le silence immobile et ardu qui le freine un instant dans sa somnolence repue.

Restau

Chandeliers d'argent aux formes lascives sur les nappes de damas crème ; non point des chaises mais des fauteuils confortables où l'on s'enfonce tout en restant bien droit. Le tissu des rideaux qui drape les fenêtres a été amplement mesuré, les plis se prélassent sur la moquette framboise vanille. Ainsi la traîne de la mariée tout en blanc, les petites demoiselles d'honneur en fraise et les garçons d'honneur en gris et blanc. Le tout d'un chic fou à faire hurler un chiffonnier. Le cortège de mariage disparaît derrière les soleils enlacés entre les palmiers et les iris en bouquet d'une modernité inclassable. Sur les tables, dans un vase carré de forme trapézoïdale, trois roses thé enroulées dans une feuille de nénuphar émeraude. Seuls, les moulins à poivre en bois dénotent effrontément, assortis aux lambris montant à l'assaut des parois blanches. Des appliques en cuivre moulent une lumière tamisée. Les convives parlent de plus en plus fort. Ah ! Les bonnes bouteilles ! Deux femmes font une entrée inaperçue. Les ongles rouge sang, les cheveux décolorés coupe Jeanne d'Arc. Un blazer gris. Une chemise noire. Le violet. Le vert en rayures sur la robe. Grand carré violet à gauche, grand espace vert à droite. Une broche presque sur l'épaule. Tenue complète qui se veut de soirée. Elles effrayeraient les perroquets, s'ils ne dormaient déjà. Toutes deux gesticulent un patois incompréhensible.

Amour maternel

Avec une tendresse infinie, elle regarde les pétales d'or des roses de l'enfance agglutinées par la transparence solide d'un amour plus fort que celui du divin. Soumis, ils ont tous sacrifié leur fils : Dieu, Moïse, Abraham, mais elle s'est battue pour lui. Comme une lionne, elle a lacéré les yeux de ceux qui voulaient le voir. Comme une furie elle a déchiqueté les corps de ceux qui lui voulaient du mal ! Comme une mère, elle l'a bercé dans ses bras, le protégeant des dangers de l'existence. Comme une mère, elle a pris sur ses genoux son corps sans vie. Comme une mère, elle a lavé les plaies de son corps inerte, raidi par la mort. Comme une mère, elle a fait ce que toute mère fait : elle l'a aimé et l'aime encore.

Il suffit d'une pute !

Sur le chemin de la Fac, une pute m'a sourit. Elle a éclairé ma nuit. Alors que je marchais sur le trottoir bancal, son regard a croisé le mien. Le miracle s'est produit. Je me suis envolé pour retrouver mon cours. La gueule des profs, ce n'est pas cela qui m'aurait réjoui ! Ils ont tout ce qu'il leur faut : le boulot, le pouvoir, l'espace, mais ils sont tristes à faire pleurer les gonds d'une porte de cimetière. Les sourires qu'ils affichent sont plutôt des grimaces qui étirent leurs lèvres sur leurs masques hypocrites. Rares sont les quelques exceptions. Mais, il y en a ! La preuve !

Pouffiasse goyante

Pleine de fiel je vous contemple, je vous emmerde et même plus ! Pour moi, vous n'existez même pas. C'est la rage qui est mon moteur, l'arrogance ma force. Que m'importe ce que vous pensez de moi, du moment que vous restez là-bas. Ne m'approchez pas, je vous le défends. Vous êtes hideux dans votre mesquinerie. Votre regard vitreux ne fait que réveiller la douleur qui dort au fond de moi. Je sens votre désir à égratigner mes maux, je sens aussi votre vilenie à faire souffrir l'innocence. Vous ne pouvez supporter l'idée que je puisse voler. Je fiente sur vos crânes en toute supériorité. J'urine dans vos verres que vous levez à ma santé. Oui, je m'amuse à vous affoler, à vous voir tourner en rond dans votre prison, endiablés, cuisses ouvertes de chattes en chaleur, queues relevées de mâles hâbleurs. Je pouffe de rire et je m'envole, je vous tire ma révérence et m'enfonce dans le soleil de la nuit. Vainqueur de ma haine, j'éclate de rire. Une fois encore, vous avez échoué à faire mon malheur. Le plaisir gonfle mon cœur et je joui de ma solitude. Pouffiasse goyante aux grands yeux délavés, traîne-toi à

mes pieds si tu le désires, mais laisse-moi
m'enivrer de mes seuls soupirs. Ton poignard
acéré ne vaut point mon épée. Je suis à jamais
délivrée, tu me fais presque pitié. Toutefois
plus jamais près de toi je resterai, car je sais
ô ! Combien est folle ta vanité. A vouloir trop
blesser, tu t'es toute déchirée !

Lettre d'Amsterdam

Amsterdam possède la faculté innée d'être irréfutablement, inexorablement, inexplicablement triste sous la pluie, et cela, à l'encontre des contrées alentours qui assurent avec grandeur, avec gloire leur panorama délié grandiloquent. La ville tend à se blottir dans le néant sous les nuages qui enveloppent d'un manteau froid et glauque les passants non avertis qui s'aventurent dans ses rues où suinte le deuil, l'inceste, le désespoir, le meurtre, l'aveuglement aviné, l'avilissement aveuglé, l'aveulissement avide, l'avertissement avare et l'avènement avarié.

Le soleil inonde de ses feux la ville lumineuse comme un vitrail de cathédrale catholique, journée rare s'il en fut. A Amsterdam nous pouvons toujours compter sur une moyenne de trois cent jours pluvieux par an. Ce chiffre ressort d'une statistique personnelle qui peut se mesurer sans faillir aux dossiers météorologiques officiels. A Amsterdam, il pleut.

Hiver comme été nous sommes baignés

d'humidité. La vapeur des canaux, cela va sans dire, mais aussi les ondées précipitées sur les chaussées briquées rose et rouge, se portent garantes d'un maximum de ruisselets qui se frayent une trace jusqu'aux veines immondes de la cité. L'odeur fade de l'eau stagnante nous accompagne à chaque promenade à pied.

Senteurs de vase, remugle de bière, de vomissures, de pisse, masquent cependant difficilement celle des maquereaux et des morues, exhibés comme les canards cantonnais, dans le quartier chaud autour de la vieille église. Les marins dépenaillés, les femmes dévêtues, les touristes endiablés aux caméras récalcitrantes, nous font un instant oublier les moulins, les tulipes, les sabots et les harengs crus au goût âcre de saumure. La sciure piétinée des troquets au petit matin nous invite à croquer un rollmops acide et vinaigré.

Dans le port d'Amsterdam, il n'y a plus de matelots qui rotent ; les navires y ont fait place aux bateaux-mouches qui offrent des croisières pour retraités sans passer les écluses. Les voyageurs y mâchent des sandwiches rassis de pain bis et, les petits mousses devraient craindre des dangers innommables lors de tirage à la courte paille.

Derrière la gare, les drogués, les sans-abri aussi, nous arrêtent et quémandent un euro. Quant aux prostituées, mâles et femelles, elles voient d'emblée si le passant est un marché à prendre ou à laisser. Tous, embués d'héroïne, s'enfuient de la réalité.

La lune, trompe, cache, déjoue et, escamote jusqu'à faire disparaître tout soupçon de vérité, enrobant de beauté irradiante les plus viles ordures.

Amsterdam, poubelle de l'humanité en détresse venue chercher refuge dans ses boyaux contractés, constipés, broyés par le manque d'amour, surgissant d'un passé éteint, délavé, rayé, coupable, inassumé, inexistant mais toujours présent.

Amsterdam, Venise du Nord, capitale des Tulipes, Reine des Sabots-de-bois-clapotant-sur-les-ponts-pavés-de-crânes-d'esclaves,
Catin des Flandres, Impératrice des Pays-Bas Couronnée-par-l'or-de-nos-frères-vendus-

comme-chair-à-four, Amterdam l'Hypocrite, Amsterdam l'Adorée-Dorant, la Daube Mordorante-rayonnant-sur-l'Europe,
Amsterdam L'Éternelle accomplissant-la-tâche-dont-les-autres-ne-veulent-point-se-charger.

Amsterdam, il y fait bon flâner. Eux le savent. Protégés par leur carte bancaire, abrités sous un parapluie, ils viennent y courir de musée en musée.

Bonjour, à Vincent. Rembrandt vous saluera. Trésors embusqués d'une culture aux mille gris chamarrés.

Allez donc prendre le thé avec Sa Majesté. Elle vous attend en épluchant ses pommes de terre qu'elle vous fera déguster en frites avec de la mayonnaise. C'est l'un de ses mets préférés.

Amsterdam, ô toi La Mecque des Touristes Innocents, nous te bénirons au nom de tous ceux qui croient en Toi. Ainsi sera-t-il. Amène.

Table des poèmes

Cantilène

Le Pyrophone

Spleen d'Amsterdam